DIJON
ET
L'OCCUPATION AUTRICHIENNE
EN 1814

PAR

PAUL GAFFAREL

Doyen de la Faculté des Lettres de Dijon.

DIJON
IMPRIMERIE DARANTIERE
65, Rue Chabot-Charny, 65

—

1893

DIJON

ET

L'OCCUPATION AUTRICHIENNE

EN 1814

(Extrait de la *Revue Bourguignonne de l'Enseignement supérieur*, année 1893.)

DIJON

ET

L'OCCUPATION AUTRICHIENNE

EN 1814

PAR

PAUL GAFFAREL

Doyen de la Faculté des Lettres de Dijon.

DIJON

IMPRIMERIE DARANTIERE

65, Rue Chabot-Charny, 65

—

1893

DIJON

ET

L'OCCUPATION AUTRICHIENNE

EN 1814

Nous connaissons tous, pour les avoir subis, les pénibles moments d'angoisse qui nous étreignent quand nous sommes dans l'attente de quelque catastrophe. Il semble que le cours ordinaire de la vie soit suspendu et que le danger que l'on redoute va éclater formidable et irrévocable. Cette pénible inquiétude, ce malaise général, ce pressentiment d'un malheur imminent la France entière les éprouvait aux premiers jours de 1814. Jamais année ne commença sous de plus fâcheux auspices. Le territoire national était de toutes parts envahi ou menacé par des nuées d'ennemis, d'autant plus impatients de vengeance que leur humiliation avait été prolongée. Trois grandes armées, Autrichienne, Prussienne et Russe, celles de Bohême, de Silésie et du Nord, environ 340,000 hommes, soutenus en arrière par 140.000 soldats de la Confédération du Rhin, et 160,000 hommes de réserve prussienne et autrichienne étaient déjà entrés en Alsace, en Franche-Comté et en Hollande. 50,000 Anglais menaçaient la Belgique, 100,000 Autrichiens et Napolitains l'Italie. 120,000 hommes étaient encore retenus sur l'Elbe et sur l'Oder par des sièges, et Wellington commandait à 150,000 Anglais, Espagnols ou Portugais, qui avaient déjà franchi les Pyrénées. A cette marée humaine qui battait nos frontières nous ne pouvions opposer que des débris d'armées : 12,000 soldats, avec le maréchal Victor, de Bâle à Strasbourg ; 10,000, sous Marmont, de Strasbourg à Mayence ; 18,000 avec Ney, de Mayence à Coblenz. Macdonald n'avait pour couvrir le Rhin, de Coblenz à Nimègue, que 14,000 hommes, et Maison, en Belgique, que 12,000 soldats à mettre en ligne. Les meilleurs de nos légionnaires étaient encore prisonniers en Russie, ou assiégés dans les places fortes allemandes que Napoléon, dans son fatal aveuglement, s'était obstiné à conserver. Il est vrai que des masses de conscrits avaient été levés, mais on commençait à se lasser de ces appels répétés, et même, sur certains points, à se révolter. Les forêts et les montagnes étaient pleines de réfractaires. Dans les premiers jours de janvier près de 250,000 conscrits manquaient à l'appel. 63,000 seulement avaient rejoint leurs dépôts, et encore ne pouvait-on utiliser leurs services, car ils n'étaient ni instruits, ni habillés, ni armés. On a calculé que seulement deux hommes sur trois reçurent leurs effets d'équipement, et un sur deux leurs fusils. Ces jeunes recrues se sont pourtant fait un nom dans l'histoire. Les Marie-Louise, ainsi qu'on les appela par allusion à leur jeunesse et à leur air naïf, reçurent bravement le baptême du feu dans la terrible campagne de France, et se montrèrent les égaux en vaillance de leurs aînés de la grande armée.

Les départements qui jadis avaient fait partie de la Bourgogne étaient de ceux que menaçait directement l'invasion. L'armée autrichienne de Schvarzemberg avait violé la neutralité helvétique, et franchi le Rhin. Une première colonne, commandée par Bubna, s'était dirigée sur Genève qui lui fut livrée sans résistance, passait le Jura, entrait à Saint-Claude, à Salins, à Dôle, à Bourg et à Mâcon. Une seconde colonne au centre pénétrait par Neuchâtel dans la direction de Besançon, d'Auxonne, de Langres et de Chaumont. La troisième colonne s'étendait en Alsace et passait les Vosges. La Bourgogne était leur objectif commun, et c'était à Dijon que s'étaient donné rendez-vous les états-majors. On ne pouvait leur opposer qu'un simulacre de résistance, car Victor et Marmont n'avaient sous leurs ordres que des débris mal encadrés. Ils ne pouvaient même pas essayer d'entrer en lutte ouverte. Notre frontière de l'est était donc fortement compromise, et, sur tous les points à la fois, nous étions débordés. Il était temps que l'Empereur prît la direction des affaires. Sa présence valait une armée, tant il était encore redouté !

A Dijon, malgré les dangers de la situation et le voisinage de l'ennemi, on paraissait, tout au moins dans le monde officiel, ne pas mettre en doute l'existence de la dynastie. Les fonctionnaires depuis le préfet, comte de Cossé-Brissac, jusqu'au premier président de la cour impériale, Larché, rivalisaient entre eux de zèle et de compliments emphatiques à l'adresse de Sa Majesté l'Empereur et Roi. On croyait alors à la durée ou plutôt à la perpétuité de l'Empire, et c'était bien un gouvernement national que celui à la tête duquel se trouvait Napoléon. Les documents de l'époque sont unanimes à cet égard. « La masse de la population ne connaît que l'Empereur et l'Empire », lisons-nous dans les mémoires de Mollien. « L'Empereur peut compter sur la classe ouvrière », écrivait Savary. « La confiance dans le génie de l'Empereur est sans bornes », ajoutait Pasquier. « Je suis forcé de dire, lisons-nous dans un rapport de François de Neufchâteau, un ennemi dissimulé, que la majeure partie des citoyens, et surtout les négociants, tiennent à Bonaparte. On aura peine à le croire, quand on pense que, sous lui, toutes les opérations commerciales ont été anéanties, mais l'amour de l'égalité l'emporte. Ils craignent de voir revenir les privilèges. » Certes, si l'Empereur, bien inspiré, s'était confié à ce peuple qui l'aimait, qui était fier de lui ; s'il s'était mieux souvenu de son origine ; si en un mot il eût pensé à la France et non à sa famille, il aurait pu disposer à son gré de toutes les forces de la nation, et qui sait les surprises que lui aurait ménagées l'avenir !

Il est vrai que les ennemis de l'Empire commençaient à s'agiter et même à s'organiser. Ils n'étaient pas nombreux, mais influents. C'étaient surtout de riches bourgeois, froissés dans leurs affections de famille par les exigences de la conscription ou lésés dans leurs intérêts par la guerre commerciale soutenue avec tant d'âpreté par l'Empereur. Ces mécontents se groupaient volontiers autour de quelques nobles, émigrés rayés de la liste ou hobereaux de province, qui avaient gardé une attitude non pas précisément hostile, mais à tout le moins indifférente, et n'avaient ni accepté, ni même, il faut le reconnaître, recherché les faveurs de l'Empire. Ils avaient une sorte de clientèle dans le peuple, ouvriers attachés à leurs maisons, jardiniers ou vignerons cultivant leurs propriétés de père en fils : mais tous ces royalistes en expectative n'osaient manifester trop haut leur opinion, car ils se défiaient, non sans raison, des sévérités de l'administration impériale à leur endroit, et ils n'ignoraient pas qu'au moindre soupçon le général commandant la division, un vieux grognard connu par ses opinions ultra-bonapartistes, le général Veaux, n'aurait pas hésité à dépêcher leurs fils dans quelque régiment de gardes d'honneur, ou à les précipiter eux-mêmes dans un cachot plus que discret. Sans doute ils n'aimaient pas l'Empire et souhaitaient sa chute, mais ils se gardaient bien de le dire trop haut. A peine osaient-ils, dans de mystérieux conciliabules, se passer de main en main la fameuse circulaire écrite par le prétendant, le comte de Provence, le futur Louis XVIII, et datée d'Hartwell le 1er janvier 1814. Nous avons retrouvé un exemplaire manuscrit (1) de cette proclamation. En voici les passages essentiels :

« Le moment est enfin arrivé où la divine Providence semble prête à briser l'instrument de sa colère. L'usurpateur du trône de saint Louis, le dévastateur de l'Europe éprouve à son tour des revers. Ne feront-ils qu'aggraver les maux de la France, et

---

(1) Bibliothèque de Dijon, fonds Baudot, 259.

n'osera-t-elle renverser un pouvoir odieux que ne protègent plus les prestiges de la victoire ? Quelles préventions ou quelles craintes pourraient aujourd'hui l'empêcher de se jeter dans les bras de son roi et de reconnaître, dans le rétablissement de sa légitime autorité, le seul gage de l'union, de la paix et du bonheur que ses promesses ont tant de fois garanti à ses sujets opprimés. » Suivent les promesses... « Le roi réitère l'assurance que les corps administratifs et judiciaires seront maintenus dans la plénitude de leurs attributions, qu'il conservera leurs places à ceux qui en sont pourvus et qui lui prêteront serment de fidélité ; que les tribunaux dépositaires des lois interdiront toute poursuite relative à ces temps malheureux ; qu'enfin le code, souillé du nom de Napoléon, mais qui ne renferme en grande partie que les anciennes ordonnances et coutumes du royaume, restera en vigueur, si l'on en excepte les dispositions contraires aux dogmes religieux... etc. »

Certes, si les autorités impériales avaient saisi un exemplaire de cette proclamation, qui, de fait, au moment où le territoire était envahi, constituait un véritable crime de lèse-nation, elles n'auraient pas hésité à traduire les délinquants devant un conseil de guerre, qui en aurait fait prompte justice ; mais il est probable que les royalistes ne se risquaient pas à pareille imprudence. Il se contentaient de colporter de salon en salon quelques plaisanteries d'un goût plus ou moins douteux sur les princes et les princesses de la dynastie régnante, ou des allusions, qu'ils s'efforçaient de croire spirituelles, aux événements contemporains. C'est ainsi que nous avons retrouvé plusieurs exemplaires (1) de ce que les écrits du temps nomment le nouveau thermomètre : Les alliés sont à 90 degrés, les Anglais au beau fixe, l'Empereur, que l'on n'appelle jamais que Buonaparte, à la tempête, le Conseil d'État à l'orage, le Sénat au dégel, le Corps législatif à la débâcle,

---

(1) Bibliothèque de Dijon, fonds Baudot, p. 259. — Note communiquée par M. Garnier, conseiller général de la Côte-d'Or, qui la tenait de son grand-père, maire d'Auxonne pendant la Révolution.

les généraux au tempéré et les maréchaux au variable, les armées à tous les vents, le trésor public à zéro, les rats de cave à la bise, le vice-roi dans l'huile bouillante et l'enthousiasme public de 10 à 40 degrés au-dessous de glace. Quant au peuple il est très fixe, ou très sec, ou figé.

Ces malices inoffensives provoquaient le sourire, mais l'Empire restait toujours debout, et, tant que la question militaire ne serait pas tranchée, mieux valait s'abstenir et ne pas s'exposer aux rigueurs de l'état de siège : d'autant mieux que le général Veaux ne plaisantait pas. Il organisait sérieusement la défense. Auxonne paraissait devoir être le foyer de la résistance dans la Côte-d'Or. On y concentrait toutes les ressources, et on se préparait à y subir un siège (1). Le préfet de son côté, Cossé-Brissac, hâtait fiévreusement les préparatifs et semblait décidé à soutenir l'honneur du drapeau. « Vous sentez, écrivait-il au maire de Dijon, le 8 janvier 1814, combien le salut d'Auxonne importe à celui de la ville de Dijon. Prenons garde de trop nous rassurer parce que l'orage qui grondait semble s'éloigner. Tous les Français doivent redoubler de zèle et d'efforts pour repousser l'ennemi, et vos habitants ne peuvent se plaindre de quelques sacrifices, ou plutôt de légères avances, quand ils savent que c'est un moyen de préserver le territoire du département, et même de délivrer celui d'un département voisin, puisque des sorties faites à propos par la garnison d'Auxonne pourront avoir les plus heureux résultats. »

Malgré cet optimisme de commande, la situation empirait de jour en jour. Les alliés continuaient leur marche envahissante.

---

(1) Réquisition de plomb. Lettres du maire de Dijon au général Veaux annonçant l'envoi à Auxonne de 1603 kilog. de plomb (10 janvier 1814), et de 1381 kil. (11 janvier). — Nouvelle lettre confirmant les précédentes et mentionnant des réquisitions de riz et d'eau-de-vie. — Lettre du maire à Lejéas, directeur des droits réunis, pour le prier d'exempter des droits un certain Taburet, qui est allé chercher à Fixin 114 litres de vinaigre pour Auxonne (12 janvier). — Voir Archives municipales, registre des délibérations du Conseil en 1814, p. 5, 6, 7.

Tous les départements rhénans étaient occupés par eux. L'Alsace, la Lorraine et la Franche-Comté étaient couvertes par leurs soldats. Déjà la Champagne et la Bourgogne étaient menacées. Sans doute on voyait bien des prisonniers autrichiens traverser les rues de Dijon, et même ces prisonniers se trouvaient dans un si lamentable état que le maire était obligé de les recommander à la charité publique (1) ; mais des bruits sinistres commençaient à circuler. La campagne commençait à peine, et déjà le découragement régnait dans nos rangs. On se sentait vaincu à l'avance, et sur tous les points nous étions débordés.

Les alliés, poursuivant leur marche victorieuse, envahissaient la Bourgogne et se dirigeaient sur Dijon. Depuis quelques jours on était comme dans l'attente de ce malheur. Une inexprimable angoisse étreignait les cœurs. On ne s'abordait plus dans les rues qu'en tremblant, tant on redoutait d'apprendre de mauvaises nouvelles. On se racontait tout bas les exigences des alliés, leurs dures réquisitions, leurs brutalités voulues. On se passait de mains en mains cet arrêté (2) du maire Durande, en date du 13 janvier, si navrant et si explicite : « Considérant que, dans les circonstances actuelles, la tranquillité publique peut être menacée, et qu'il est du devoir du magistrat de ne négliger aucun des moyens qui peuvent contribuer au maintien de l'ordre et de la sûreté publics ; considérant que l'allumage des réverbères, en

---

(1) Archives municipales, registre 1814, p. 6. Arrêté du 11 janvier : « Instruit que plusieurs prisonniers autrichiens envoyés à Troyes sont revenus à Dijon, et qu'il en résulte que ces malheureux qui ne peuvent toucher leur solde que dans le lieu de leur destination sont ici sans secours et sans moyens de subsistance, enjoint aux gendarmes, aux gardes-champêtres, aux agents de police, et à toutes personnes préposées à la sûreté publique, lorsqu'ils rencontreront des prisonniers dans les rues de cette ville, de les conduire de suite au palais de justice, et invite également les habitants de cette ville à leur indiquer ce local, afin qu'étant tous réunis dans un seul et même local, l'autorité puisse les faire repartir le plus tôt possible pour le lieu de leur destination. » — Cf. réclamation de Benoit la Côte, concierge du ci-devant palais de justice, pour surveillance des prisonniers allemands (4 juillet 1814). On lui alloua quatre-vingts francs.

(2) Archives municipales, registre 1814, p. 7.

dissipant l'obscurité de la nuit, est un des meilleurs moyens à employer pour prévenir ou du moins arrêter les effets de la malveillance, arrête : les réverbères seront allumés à partir de la nuit du 12 janvier présent mois, et jusqu'à ce qu'il en soit autrement ordonné, depuis le coucher jusqu'au lever du soleil. » Déjà même quelques fonctionnaires préparaient un changement de front et prenaient leurs précautions en cas de chute de la dynastie. Tel ce sous-préfet de Beaune, Dupré de Saint-Maur, qui refusait catégoriquement d'exécuter la dernière levée de conscrits, et adressait à son supérieur hiérarchique une lettre de protestation, qui ressemble à un appel à la révolte : « Lorsque (1) des personnes présumées riches sont forcées dans leur détresse inouïe de faire offrir dans la ville leur argenterie et leurs meubles, qui ne trouvent point d'acheteurs ; quand des percepteurs, étonnés eux-mêmes de la misère publique, craignent de demander un argent qui n'existe pas et suspendent leur exécution ; lorsque enfin l'humanité aux abois demande grâce et implore la pitié, puis-je m'établir de sang-froid à une table pour y présider un conseil inquisitorial, chargé d'organiser le départ du peu de jeunes gens que la guerre a laissés aux familles, de créer aux uns des ressources factices par des suppositions arbitraires, de renvoyer les autres chez eux la mort dans l'âme, et avec la triste assurance que le délai qu'on leur accorde n'est qu'une feinte dérision ! » Certes il fallait que l'édifice impérial fût singulièrement ébranlé pour qu'un fonctionnaire de l'ordre administratif se permît pareille incartade, et j'imagine volontiers que plus d'un, malgré les défaites des derniers mois et tous les signes avant-coureurs d'une prochaine catastrophe, dut trembler de peur rien qu'en lisant les dernières lignes de cette lettre, dont l'auteur n'eut qu'un tort, celui de l'avoir écrite au moment où elle pouvait l'être sans danger pour lui : « L'obéissance la plus passive et la moins équivoque ont des

---

(1) Bibliothèque de Dijon, fonds Baudot, 259.

bornes que l'honneur a posées. Aucune considération humaine ne me les fera franchir. Si le dernier cri du désespoir sort violemment des âmes justement indignées, ce ne sera pas moi qui l'aurai provoqué ; ce ne sera pas moi qui envelopperai les familles d'un nouveau deuil, et ferai couler encore des larmes ! »

Au moment même où les Dijonnais recevaient et commentaient la lettre du sous-préfet de Beaune, Napoléon entrait en campagne et frappait un premier coup sur les alliés, à Saint-Dizier (27 janvier). Il manœuvrait alors pour empêcher la jonction des deux armées de Blucher et de Schwarzemberg, et pour surprendre leurs colonnes isolées. Les alliés n'avaient pas encore pénétré son plan, mais ils assuraient leur base d'opérations en s'établissant dans les villes importantes de la région, où ils étaient assurés de trouver un refuge en cas de défaite, et, en tout temps, des ressources abondantes. Dijon devait être et fut une des premières villes occupées par eux. Depuis quelques jours on signalait dans la banlieue des partis ennemis. Les maraîchers n'approvisionnaient plus le marché. On les disait tous réquisitionnés avec leurs voitures pour le service des transports. Le général Veaux, renonçant à défendre la ville, avait dirigé sur Auxonne toutes les forces disponibles, mais il n'avait pas abandonné son poste, et les autorités continuaient à faire preuve de la plus imperturbable confiance. Les habitants, rassurés par l'exemple de leurs chefs, commençaient à espérer qu'ils n'auraient plus rien à redouter de l'invasion ; aussi fut-ce comme une véritable panique, quand le maire fit connaître la lettre qu'il venait de recevoir du commissaire des guerres dans le département de la Côte-d'Or, un certain Gillet, qui lui annonçait son départ forcé, et le déléguait dans ses fonctions (18 janvier). Il le priait en outre d'évacuer beaucoup de militaires, « avant que les ennemis aient pris possession de la ville de Dijon, et de recommander à leur humanité et à leurs soins ceux qui n'auraient pu être évacués, parce qu'ils seraient hors d'état de supporter le transport ».

C'en était donc fait ! L'ennemi était aux portes de la ville, et les Dijonnais, brusquement ramenés au sentiment de la réalité, allaient subir les hontes et les souffrances de l'occupation étrangère. L'Empire, abandonné par ses fonctionnaires, était condamné.

Dijon fut occupé sans coup férir par les Autrichiens. Le procès-verbal (1) de la prise de possession a été conservé dans les archives de la ville. Il est navrant dans sa simplicité. Le maire et le commandant de la garde nationale constatent que, le 19 janvier, à 9 heures 1/2 du matin, un certain Hansohtter, vaguemestre au régiment des chevau-légers de l'empereur d'Autriche, s'est présenté en qualité de parlementaire à la porte Saint-Nicolas. Aussitôt conduit à l'Hôtel de ville, il a sommé le maire d'ouvrir les portes de Dijon. On lui a répondu qu'on ne pouvait se défendre puisqu'on n'avait pas de garnison, mais que néanmoins on ne se rendrait qu'à une troupe au moins de 1000 hommes. A onze heures du matin, le même jour, « le comte Duchâtel, chef d'escadron, s'est présenté à la même porte, à la tête de 200 hommes. Il a été introduit et conduit à l'Hôtel de ville. A la sommation d'ouvrir les portes aux troupes alliées, même réponse lui a été faite qu'au vaguemestre. Le dit comte répondit qu'au lieu de 1000 hommes il y en avait 8000, et se retira en annonçant leur arrivée. A midi le prince Gustave de Hesse-Hombourg, major général, entra à la tête de 800 hommes de cavalerie. Il fut suivi du comte de Klenau, général major, commandant quatre bataillons de grenadiers. A deux heures le prince de Lichtenstein, lieutenant général, commandant l'avant-garde, entra à la tête de son corps, à la suite duquel arriva le général en chef, prince héréditaire de Hesse-Hombourg. Plusieurs bataillons de chasseurs traversèrent la ville jusqu'à cinq heures du soir. »

Sur les pas des Autrichiens s'était portée la foule des curieux, surtout des femmes et des enfants, avides de spectacles mili-

---

(1) Archives municipales, registre 1814, p. 9.

taires, et qui ne cachaient pas assez leur curiosité : mais, à côté d'eux, se trouvaient aussi des citoyens qui ne supportaient qu'avec peine l'humiliation commune. Dans leurs yeux s'allumaient les flammes du ressentiment. Leurs mains serraient déjà des bâtons ou des couteaux. Peu à peu, à mesure que descendaient les ombres de la nuit dans les rues étroites de la ville, les groupes devenaient plus menaçants. Les officiers autrichiens ne se trompèrent pas à ces symptômes. Ils prévinrent le maire de la prochaine explosion des fureurs populaires, et lui firent savoir qu'ils traiteraient les Dijonnais comme ils seraient traités par eux. Durande savait très bien que toute résistance était impossible, et il ne voulait pas exposer ses administrés à quelque sanglante collision. Il rédigea donc et fit sur-le-champ publier (1) une proclamation pour inviter les Dijonnais à rester chez eux : « Considérant que des rassemblements, quoiqu'ils n'aient pour motifs que la curiosité, pouvaient inquiéter et indisposer les militaires, arrêtons ce qui suit : jusqu'à ce que les militaires soient logés, il est ordonné à tous les habitants, et notamment aux femmes et aux enfants, de se retirer dans le lieu de leur domicile. Il est également défendu à qui que ce soit, et jusqu'à ce qu'il en soit autrement ordonné, de paraître dans les rues avec des bâtons ou autres armes quelconques. »

La grosse difficulté était de donner un abri à toutes ces troupes. Les casernes étaient bien libres depuis le départ de nos soldats, ainsi qu'un certain nombre d'établissements publics, couvents, pensions, halles, où les Autrichiens pouvaient s'installer, mais ils étaient trop nombreux pour qu'on pût dispenser les habitants d'en recevoir à leur domicile. « Au lieu de quatre soldats que je devais loger, lisons-nous dans le journal d'un conseiller à la cour (2), il en arriva chez moi vingt-quatre faisant partie de la

---

(1) Archives municipales, registre 1814, p. 10.
(2) Journal d'Henrys Marcilly, 19 janvier 1814.

garde du prince de Lichtenstein. » De là des froissements, des scènes regrettables. Le maire, obligé de se plier aux circonstances, fit créer quatre commissions chargées de répartir les logements militaires (26 janvier). La première était composée du conseiller Dechaux, et des avocats Hernoux et Simon Jacquinot ; la seconde de Vaudremont, Morelet et Boullenier ; dans la troisième figuraient le banquier Pasteur, Petitot, et Pignolet, avoué à la cour, et dans la quatrième un autre avoué, Adelon, Bertholmey et le conseiller Ranfer de Monceau. Les membres des quatre commissions ne purent opérer sans de nombreux tiraillements et de fréquentes réclamations. A diverses reprises le maire fut même obligé d'intervenir directement. Ainsi, le 29 janvier, il adressait la lettre suivante (1) au prince de Hesse-Hombourg : « Un passage considérable a eu lieu dans cette ville pauvre et qui ne renfermait ni magasin, ni approvisionnement d'aucune espèce. Les soldats, distribués en grand nombre et sans aucun ordre chez les habitants, y ont vécu à discrétion. Vos intentions ont été méconnues dans ces premiers moments de trouble et de confusion. Le soldat a tout exigé : il a tout obtenu et quelques jours ont suffi pour dévorer ce qui aurait dû servir de ressource pour un long temps... les ouvriers sont ruinés, plusieurs ont déjà quitté leur domicile. Les gens plus aisés ont dissipé toutes les provisions, et leurs maisons des environs sont ruinées... Daignez diminuer la garnison de la ville. Elle est sans défense, ouverte de toute part, et sa conduite ne peut inspirer aucune crainte. » Il est probable que le maire exagérait un peu la situation pour les besoins de la cause, mais les premiers jours de l'occupation durent être bien pénibles !

Les officiers surtout furent difficiles à contenter. Ils avaient plus d'exigences. Le baron de Ulm, le comte de Trautmansdorf, douze domestiques et seize chevaux furent logés chez Jouanne, et en un jour firent 342 fr. 40 de dépenses. Le prince de Hesse-Hom-

---

(1) Archives municipales, registre 1814, p. 11.

bourg réclama pour lui (1), au premier étage de l'Hôtel de ville, dans la partie du bâtiment qu'on appelait alors la Sénatorerie, un salon, une chambre à coucher, une chambre pour l'adjudant général, une autre pour son valet, et une salle à manger, sans parler du rez-de-chaussée réservé à l'état-major. Il fallut garnir de meubles en bon état toutes ces pièces. Le tapissier Paris (2), qui loua le mobilier nécessaire, constata qu'il manquait, après le départ des Autrichiens, un flambeau, un traversin, une couverture de laine neuve, deux couvertures vieilles, une pincette, deux soufflets et un drap de lit, et il ajoute non sans aigreur : « tous les meubles et autres objets ci-dessus étaient en grande partie neufs ; les autres très propres. On les a retirés dans un très mauvais état tant pour la saleté que pour la dégradation : il faut tout refaire », et il présentait à l'appui une note de 1102 fr. 50. Tous enfin finirent par être casés et les Autrichiens ne furent pas exposés soit à bivouaquer en plein air, soit à expulser les habitants de leurs maisons.

Depuis qu'ils avaient franchi la frontière, Dijon était la première ville importante dans laquelle entraient les Autrichiens. Déjà fatigués par leurs marches rapides et par les combats qu'ils venaient de soutenir, ils arrivaient dans la vieille cité Bourguignonne comme dans un port de salut, où ils espéraient non seulement se reposer, mais encore reprendre des forces nouvelles. Aussi les premiers moments de l'occupation furent-ils pénibles. Les soldats et leurs officiers se répandaient au hasard dans les rues, pénétraient dans les maisons qui leur présentaient l'apparence du bien-être, et, brutalement, exigeaient ce qu'ils n'auraient dû obtenir que contre des bons de réquisition régu-

---

(1) Entre la rue de la Liberté, la rue Porte-aux-Lions et la cour des Pompes. Voir CORNEREAU, *Palais des Etats de Bourgogne à Dijon* (Société bourguignonne de géographie et d'histoire, t. VI, p. 225-366).

(2, Archives municipales, Etat des objets déposés à la Sénatorie (*sic*) par ordre de monsieur le maire, le 19 janvier 1814, pour l'usage du prince de Hesse-Hombourg et de son état-major.

liers. Bien des désordres sans doute eurent lieu, bien des insolences furent subies, bien des outrages infligés, dont la trace officielle ne s'est pas maintenue, mais dont le souvenir persista, car l'épithète de Kaiserlick fut longtemps considérée comme une sanglante injure, et quelques uns des enfants d'alors ont répété qu'à l'école ou dans les promenades, pareille épithète, lancée par l'un d'eux, amenait pour riposte immédiate quelque vigoureuse bourrade. Aussi bien nous trouvons dans les registres (1) de la municipalité, à la date du 29 janvier, une lettre du maire au prince de Hesse-Hombourg, qui constate à la fois les excès et les désordres de la première heure : « Il n'y a plus de salut pour la ville de Dijon que dans la clémence de Votre Altesse, et ses malheureux habitants, convaincus par ce qu'elle a déjà daigné faire pour eux de ses sentiments de justice et de bonté, viennent de nouveau implorer sa généreuse protection, etc. »

La réclamation du maire ne fut pas inutile. La partie militaire n'était pas encore gagnée. Avec un rival aussi redoutable que Napoléon, il fallait toujours s'attendre à quelque retour offensif, et, par conséquent, se ménager une porte de retraite. Si on exaspérait les Dijonnais par d'inutiles brutalités, on s'exposait, en cas de revers, à quelque Vendée bourguignonne. Le prince de Hesse-Hombourg s'empressa de faire droit aux réclamations du maire et ce dernier, dès le 30 janvier, prévenait (2) ses concitoyens « que le grand passage des troupes était fini, que son Altesse le prince de Hesse-Hombourg avait pris toutes les mesures pour maintenir parmi ses troupes la plus exacte discipline, et qu'en conséquence les marchands pouvaient sans crainte ouvrir leurs magasins et boutiques, et compter sur le maintien de l'ordre et de la tranquillité. »

Dijon fut donc préservé d'une exécution militaire, que rendaient possible la soif de vengeance ou plutôt les convoitises des alliés,

---

(1) Archives municipales, 1814, p. 11.
(2) Registre 1814, p. 13.

mais l'occupation autrichienne n'en fut pas moins très rigoureuse. Nous n'en voulons d'autre preuve que les très nombreuses réquisitions dont furent alors accablés nos concitoyens. Rien de plu-instructif que l'étude des divers documents relatifs à ces réquisitions. Ils forment dans nos archives diverses liasses, dont on nous saura gré de donner une rapide analyse. Ce sera la meilleure des réponses à opposer à ceux qui, nous ne savons trop pourquoi, s'obstinent à dire que les alliés, en 1814, se comportèrent en amis et ménagèrent à la fois l'amour-propre et la fortune de la nation. Il se peut en effet, qu'ils n'aient pas, à ce moment, abusé de la victoire, car la France était toujours la grande nation et les victoires extraordinaires, qu'elle avait remportées depuis 1792, lui donnaient un réel prestige, mais les alliés, s'ils ne s'attachèrent pas à humilier nos pères, ne se privèrent pas de chercher à les ruiner. Qu'on en juge plutôt !

De janvier à mai 1814 furent délivrés près de sept cent bons de réquisition (1). Nous parlons des bons réguliers, de ceux qu'on a conservés comme pièces justificatives dans nos archives. Ils sont d'abord manuscrits, et d'écritures différentes. Les premiers arrivants semblent avoir hâte de prendre possession de la ville, de jouir de ses ressources, et ils rédigent ces bons. Le premier est daté du 19 janvier. Ordre est donné d'envoyer immédiatement une pièce de vin et quatorze livres « de pain bourgeois » aux soldats de garde au moulin Bernard. Bien qu'aucun document ne nous autorise à le dire, il est probable que les autres postes ne furent pas oubliés, et que, dans cette première journée d'occupation, les Autrichiens s'empressèrent de vérifier si la réputation des vins de Bourgogne n'était pas surfaite. Aussi bien, dans les premiers jours, ils ne songèrent qu'à manger et qu'à boire. Tous les restaurateurs d'alors durent tenir table ouverte, jour et nuit, et

---

(1) Note de l'imprimeur Frautin dès le 14 janvier 1814 : 4,000 bons de viande, 4000 de vin, 4000 livres de pain, 2000 de fromage, 200 avis du maire. Dès lors les fournitures continuent.

faire une large brèche à leurs provisions. Ainsi le 22 janvier « par ordre de la mairie de Dijon, le sieur Gaudriot, aubergiste de la Cloche d'Or, est requis de fournir aujourd'hui, à trois heures, un dîner de seize couverts à Son Altesse le prince de Schwarzemberg ». Le dîner coûta 280 francs. A la date du 26 février, la note de Gaudriot s'élevait à 2102 francs : on y remarque beaucoup de vin fin, surtout du Volnay, peu de Champagne, mais des liqueurs et du café en abondance.

Les Autrichiens songent aussi, dans ces premiers jours de l'occupation, à remettre en ordre leurs chaussures, éprouvées par les longues marches à travers la neige. Tous les cordonniers de la ville sont appelés à l'honneur de réparer les bottes de MM. les officiers et sous-officiers. Dès le 21 janvier nos vainqueurs se préoccupent déjà de l'effet à produire, car ils réquisitionnent ce jour-là cent livres de craie et cent livres de terre de pipe, sans doute pour faire reluire les boutons d'uniforme et les harnachements. Bientôt le naturel reprend le dessus et la bureaucratique Autriche semble vouloir démontrer que, même en pays ennemi, elle ne renonce à aucune de ses manies paperassières. En effet pas un jour ne se passe sans que ne soient réclamés des rames de papier, des écritoires, des canifs, de la cire à cacheter, des cachets (1), ou « des vases (2) pour mettre du sable à l'usage de l'écriture et deux petites cuillères pour le même usage. » Ce ne sont pas seulement les papetiers qui contribuent de la sorte à fournir les nombreux bureaux improvisés par l'état-major : on s'adresse également aux épiciers pour avoir des boules de gomme élastique (3), et les secrétaires de tailler et de retailler leurs plumes, de gratter et d'effacer, sans oublier pour autant, bien qu'on soit

---

(1) Réquisition de cachets aux armes d'Autriche, et mémoire du graveur Pilart (4 pièces). — Réquisition de cachets pour les divers services de l'armée autrichienne et mémoire du graveur Groillet (8 pièces).

(2) Réquisition du 30 janvier Le papetier Bernard, sommé de fournir ces vases, profitera même de l'occasion pour présenter une note de 12 fr. 90.

(3) Réquisition Valot, du 30 janvier.

en plein hiver, d'absorber des flots de bière, car, le 24 janvier, les seuls gratte-papier installés à la mairie commandèrent « cent bouteilles de bière pour les officiers attachés au commandement de la place qui tiennent leur bureau à la mairie ».

Pendant ce temps le prince de Hesse-Hombourg charmait ses loisirs en se livrant aux plaisirs de la lecture. Il faisait prendre chez le libraire Noëllat quatre volumes de M° du Deffand, la sentimentale romancière, l'Itinéraire de Paris à Jérusalem par Châteaubriand, l'Elisabeth de M° Cottin, le bas bleu à la mode, et deux plans de Dijon : mais il n'oubliait pas sa garde-robe, et, par réquisition du 21 janvier, gardait pendant douze jours dix cordonniers pour son usage personnel. Mêlant l'utile à l'agréable, il signait un bon pour trois pièces de rubans, des faveurs. On se demande avec étonnement à quel usage il les destinait, car le moment était bien mal choisi pour envoyer des dragées à ses amis d'Allemagne. Il est vrai que, le même jour, il ordonnait une réparation « à une pièce d'artillerie de Sa Majesté le prince de Hesse-Hombourg », le tout sans oublier beaucoup de pièces de vin pour ses soldats, et des bouteilles de vins fins, surtout du Volnay, pour sa consommation personnelle.

Avec le mois de février tout se régularise, car les bureaux sont alors installés, et tout un monde de secrétaires, de copistes et de surnuméraires s'agite et se démène. Aussi les bons de réquisition ne sont-ils plus improvisés pour les besoins de la cause, c'est-à-dire écrits sur n'importe quel papier et par le premier venu. On les a imprimés et voici comment (1) ils sont libellés : « D'après les ordres de Son Altesse le prince de Hesse-Hombourg vous êtes

---

(1) Voir l'arrêté du 10 février 1814 : « Le maire de la ville de Dijon, considérant qu'il importe d'assurer les intérêts des personnes qui ont satisfait aux réquisitions faites par les puissances alliées, considérant qu'à cet effet il devient urgent de régulariser les récépissés, conséquemment de désigner une personne qui sera chargée de les vérifier et d'en joindre copie aux ordres de réquisition, arrête : M. Saunac est adjoint à M. Tardy pour l'examen et la vérification des récépissés. »

requis de fournir sur-le-champ la quantité de... pour l'usage des troupes autrichiennes. Cette fourniture vous sera remboursée par la ville, à vue de la présente, revêtue du récépissé de la personne qui en aura reçu l'objet. Le maire... Dijon le... » Rien de plus varié que les diverses demandes formulées par l'administration. Ainsi, à la date du 1er février, on demandera au sieur Bonnet « un écritoire en corne qui puisse contenir de l'encre, du sable et des plumes » ; à Galliac deux paires de ciseaux et deux canifs; à Goujon quatre lanternes en verre; à Loriot une pièce de vin, et à Rozier dix caisses pour le service de l'artillerie ; le 2 une provision de bougies et une table commune pour le magasin de fourrage à Jolyet, trente bouteilles d'eau-de-vie à Moiton et douze livres de chandelles à Richard ; le 3 une rame de papier ministre à Bligny, quatre rames de papier, deux paquets de plumes, quatre bâtons de cire et une bouteille d'encre à Banchelin, et cinquante livres de chandelles à Hémery. Le 4 on s'occupe de la fabrication du pain pour les militaires et on empruntera à divers fournisseurs « un brancard à porter le pain, six rouleaux à pâte, deux feuillettes vides pour transporter l'eau nécessaire et deux tables appelées tours à pâte. » Seulement, comme il ne faut pas oublier les bureaux, le sieur Vauthier fournira douze bouteilles d'encre et une « règle conforme à celle qui a été présentée ».

Il semble vraiment que cette préoccupation bureaucratique tient une place prédominante, car, dès le lendemain 5 février, le sieur Jeannin, ébéniste, sera prié d'apporter à l'hôtel de ville « dix-huit règles de bureau d'un joli bois, dont douze plates et six carrées », et le sieur Georges, papetier, n'oubliera pas « six mains de papier ministre, six rames de papier ordinaire, une livre de cire d'Espagne, une boîte de pains à cacheter, deux paquets de plumes et deux crayons. » Le 10 on réclamera pour la chancellerie du général Furstenwerth six mains de papier ordinaire, une boîte de pains à cacheter, une demi-livre de cire d'Espagne et une main de papier ministre au même Georges; le 11, douze crayons « de bonne qualité » à Bonnet ; le 12, le 14 et le 15, encore des fournitures de bureau, surtout de la gomme élastique.

Il est un article à la possession duquel les Autrichiens semblent avoir attaché un grand prix : des cartes soit de France, soit du département. Il est probable que les officiers n'avaient pas alors dans leur équipement, comme ils l'ont aujourd'hui, une provision de cartes. Etait-ce que l'invasion du territoire n'avait pas été préméditée, ou bien que les ressources cartographiques faisaient réellement défaut ? Toujours est-il qu'ils se munirent en hâte de tout ce qui était disponible dans les magasins de Dijon. Dès le 9 février, ordre de fournir et de coller tout de suite une carte de France. Le 11 réquisition à Gaulard des cartes de Cassini où se trouvent la Côte-d'Or, la Haute-Marne et les départements de l'ancienne Bourgogne. Le 13, réquisition au libraire Lagier de douze cartes de Bourgogne par Cassini ; le 28, à Dubarry de trente cartes de Bourgogne et d'une carte des montagnes de France.

Les Autrichiens n'oubliaient pas pour autant de satisfaire aux besoins matériels. On trouve de nombreux bons de réquisition pour de l'eau-de-vie (1), du vin, sans parler du fourrage, du pain, de la graisse, etc. (2). Nos hôtes forcés ne se privaient pas non plus des objets qu'on pourrait qualifier d'objets de fantaisie. A la date du 7 le sieur Jodoin ne reçoit-il pas l'ordre d'apporter à la chancellerie « un bâton de jonc emmanché », et dès le lendemain, le sieur Dubois n'est-il pas requis « de fournir une canne de jonc pour un sergent autrichen ? » Le 9, les Autrichiens réclamèrent cinq caisses de sapin ferrées pour y renfermer des fusils, et le 10 « une cloche du poids de trente livres ». Voici, à la date du 13, une demande de six douzaines de mèches à quinquet, et, à celle

---

(1) Réquisition du 5 février à Lebœuf. — Réquisition du 26 à Pingaud « de cinquante bouteilles d'eau-de-vie qui doivent être distribuées à des Cosaques, qui arrivent dans une heure. »
(2) Réquisition du 26 à Pujol de cinquante harengs et six cents noix, — du 13 à Lucotte, de 859 livres de chanvre et de sept milliers de clous de deux pouces.

du 20, la façon « d'un habit, d'un spencer et d'un caleçon » pour un officier qui désirait renouveler sa garde-robe, mais omettait de faire connaître son nom. Que dire des quatre toises de six pieds demandées le 21 à Conquand, et, à la date du 26, de « ces douze porte-cigares ordinaires et deux des plus beaux que le sieur Duboz remettra au porteur de la présente : lesquels porte-cigares il renfermera dans une boîte ? »

Ces réquisitions n'étaient pas du goût de tout le monde. Parfois il arrivait que des récalcitrants refusaient d'obéir ou n'obéissaient que contraints et forcés. De là des querelles qui pouvaient dégénérer en rixes et provoquer de redoutables conflits. Le préfet Cossé-Brissac fut obligé de rappeler ses administrés au sentiment de la situation, et les engagea à se résigner. Voici la proclamation qu'il leur adressait le 17 février, après s'être concerté avec le major autrichien, baron de Bartenstein : « Etant informé qu'il existe dans quelques communes du département des habitants qui non seulement refusent de satisfaire aux réquisitions qui leur sont faites au nom des puissances alliées, mais qui excitent encore leurs concitoyens à suivre leur dangereux exemple ; que, pour légitimer leur opposition, ces malveillants répandent le bruit que les voituriers qui conduisent les réquisitions éprouvent des mauvais traitements, et qu'on les force quelquefois d'aller bien au delà de leur destination sans recevoir aucune indemnité pour ce service extraordinaire... » Suit un arrêté en quatre articles donnant tout pouvoir aux maires : « Ils sont chargés de nous faire connaître tant ceux qui n'exécuteront pas les réquisitions, que ceux qui par leurs propos exciteraient leurs concitoyens à ne pas les exécuter, afin qu'il soit pris à l'égard des uns et des autres les mesures sévères qu'exige le maintien de la tranquillité publique. »

On n'a conservé que 153 bons de réquisition pour le mois de mars. Ils sont, comme auparavant, très variés. Ainsi, à la date du 1er, on demandera de très nombreux bons de pain, « une petite caisse devant fermer avec un cadenas », cent livres de chandelle, un balai de crin, deux brouettes de meunier, et cinq cents plumes du numéro 60 (1). Énumérer toutes ces pièces deviendrait fastidieux. Contentons-nous d'indiquer les plus singulières : le 5 mars quatre cordonniers, Nief, Jouanne, Sicardet et Mairet, devront aller tout de suite chez le capitaine Vogel pour y raccommoder quelques paires de souliers, et le sieur Simon, avec non moins de hâte, apportera huit bouteilles d'eau-de-vie dans les bureaux de l'Hôtel de ville. Le 9 le cordonnier Boudron recevra la commande de dix-sept paires de bottes pour des Cosaques ; le 13 Gastaldy fournira, au prix de 17 francs, « une canne de jonc pour un sergent-major du régiment de Lusignan », et, le 15, Collot « apportera trois cents pains à cacheter de large dimension pour apposer des cachets. » Cinq douzaines de balais sont réclamés à Gadoux le 21, et deux douzaines, le 24, à Petit. Le 25 grande fourniture de vaisselle demandée à Ledeuil, et le 27 Schucht apportera « six verres à vin de champagne et six verres à bon vin pour Son Excellence le ministre de la guerre à la Sénatorerie ». Le 31, arrive un détachement d'artillerie wurtembergeoise, apparemment bien dépourvu, car il a besoin de tout, et réclame tout, pain, vin, graisse, harnachements, roues de rechange, instruments de tout genre. Ne réclame-t-il pas encore quatre livres de sucre, une demi-livre de poivre, et, on se demande vraiment pour quel usage, deux cents bouchons !

Au mois d'avril 117 bons de réquisition, quelques-uns assez étranges. Ainsi le 2, le maréchal-ferrant Méry sera requis de céder pour quelques jours une partie de sa boutique aux maréchaux du général Pausch, et les tailleurs Miche et Alaïs devront tout quitter pour confectionner des dolmans destinés aux hussards de Blankenstein. Le 4, l'épicier Chocarne fournira 300 lampions qui seront posés devant l'Hôtel de ville, sans doute pour éclairer le bivouac installé sur la place d'Armes. C'est à ce même bivouac

(1) Réquisitions Belorgey, Pallereau, Dalot, Richard, Jacquinot, Richarme.

qu'on apportera d'urgence une feuillette de vin et 62 livres de fromage. Le 5 on réclame trois manches de lances dont on fournira le bois à l'usage des Cosaques, le 6, deux livres de sucre pour le régiment d'Erlach : mais le sucre était alors, par suite du blocus continental, une denrée fort rare, et l'épicier réquisitionné répond qu'il n'en a plus à sa disposition qu'une livre et demie. Le 11 on demande 300 lampions et quatre torches, 6.000 pains à cacheter blancs, conformes au modèle, et comme, paraît-il, les objets fournis avaient plu, dès le 22, nouvelle demande de 1.200 pains à cacheter blancs, toujours du même modèle. Le 16 on demandera au bandagiste Buffard « deux petites seringues à injection pour l'hôpital des Capucins » et quatres livres d'étoupes au nommé Pihoué pour le pansement des chevaux. Le 25 un officier, doué de sens pratique, obtiendra contre le savetier Ancemot une réquisition « pour remonter tout de suite une paire de bottes », et, le 29, un autre savetier, Jouanne, sera sommé de recevoir dans sa boutique « deux ouvriers cordonniers de la garnison pour raccommoder des souliers. » Nous ne parlons que pour mémoire des fournitures de bureau, des bouteilles d'encre qui sont incessamment renouvelées, des mains de papier, des douzaines de crayons, « des grandes écritoires pour le bureau du commandant » et des « grands ciseaux pour couper le papier ». L'Autriche se croirait perdue si les bureaux ne fonctionnaient pas, et ils fonctionnent avec une activité singulière.

Sur ces entrefaites Paris avait succombé, l'Empire avait disparu dans la tourmente. Les alliés n'avaient plus qu'à signer la paix et qu'à rentrer dans leurs foyers. Mais, bien que cette paix fût virtuellement signée, le système des réquisitions était si commode qu'il continua. Pendant le mois de mai, on délivre encore quarante-trois bons de réquisition. Ce ne sont plus, il est vrai, des

---

(1) Réquisitions du 6, canifs, deux rames de papier à Vauthier ; — du 12, papier de chancellerie à Vauthier ; — du 20, douze bouteilles d'encre pour les bureaux du commandant de place.

objets de fantaisie. On continue, à réclamer encore du papier et de l'encre, mais on songe au prochain départ et on s'organise en conséquence. C'est ainsi que le 1er mai Duthu sera prié de porter douze marmites à la caserne de refuge et que, le 2, tous les tripiers de la ville, il y en avait alors seize, seront convoqués pour fournir de la graisse. Le 10 les cordiers Pihoué, Dambrun, Colin, Lucotte, Bardin, Enard et les trois Bidet devront tresser, avec le chanvre qui leur sera fourni par la préfecture, chacun soixante-douze traits de chevaux en corde et une livre de ficelle. A la date du 28 la mairie signe encore un bon de réquisition. Ce sont comme les dernières vagues de la tempête où a failli sombrer la France.

En dehors des réquisitions, qui furent parfois brutales et brutalement exercées, les relations entre occupants et occupés se maintinrent correctes, mais elles ne furent jamais cordiales. Les Dijonnais sans doute étaient fatigués, comme on l'était alors dans toute la France, de la tyrannie napoléonienne, mais l'Empereur n'en était pas moins le chef légal et universellement reconnu du pays. Malgré ses défaites, il conservait son prestige. Quant aux Autrichiens ils se savaient en pays ennemi, et ne se dissimulaient pas qu'au premier ordre il leur faudrait piteusement battre en retraite. Aussi prenaient-ils leurs précautions. Dès le 21 janvier, le général Klenau convoqua tous les fonctionnaires pour leur faire prêter serment de concourir à la tranquillité publique. Ce serment n'imposait que le strict accomplissement d'un devoir professionnel. Il ne froissait aucune susceptibilité. Aussi fut-il prêté sans opposition. Le 9 février 1814, nouvelle prestation de serment de fidélité ou tout au moins de neutralité, exigée par le comte d'Auersperg, chambellan de l'Empereur d'Autriche et gouverneur de la Côte-d'Or. Ce serment devait être écrit. Aussi plus d'un fonctionnaire se montrait-il disposé à ne pas signer un pareil engagement : mais le préfet, assisté de son conseil, se prononça pour l'affirmative, et il n'y eut plus qu'à obéir. Trois semaines plus tard, lorsque le baron de Bartenstein, nommé gouverneur général à titre provisoire des quatre départements de la Côte-d'Or, de l'Yonne, de la Haute-Marne et de l'Aube, voulut imposer un nouveau serment beaucoup plus explicite, il se heurta à un mauvais vouloir absolu. Ce serment était aussi conçu (1) : « Je jure que je ne ferai rien de contraire à la sûreté et à la tranquillité des armées alliées, que j'administrerai les affaires publiques que l'on me confiera d'après les ordres que je recevrai et pour le compte des puissances alliées, et que je me soumettrai sans réserve aux ordres des administrations préposées, et principalement aux ordres du gouverneur général. » La cour d'appel, à l'unanimité, refusa de signer un engagement qui lui semblait, à bon droit, contraire à l'honneur. Elle députa au gouverneur le président Guillemot, le conseiller Riambourg et l'avocat-général Nault. Après de longs débats on finit de part et d'autre par s'entendre pour la rédaction suivante : « Je jure que je ne ferai rien de contraire à la sûreté et à la tranquillité des armées alliées et que je continuerai à remplir avec zèle et exactitude mes fonctions, au nom de mon gouvernement, et conformément aux lois de l'état. »

Le gouverneur autrichien n'avait accepté cette formule évasive que très à contre-cœur. Il eût préféré pouvoir tenir tous les fonctionnaires sous sa dépendance directe : aussi gardait-il rancune à ceux d'entre eux qu'on lui avait présentés comme ayant dirigé l'opposition. Sous prétexte de mauvaise volonté notoire de la part des Dijonnais, et de quelques velléités de résistance, ne s'avisa-t-il pas, le 21 février, de prendre des otages et de les diriger par un temps très rigoureux et avec des moyens de locomotion tout à fait primitifs, sur Baume-les-Dames, où ils furent traités en prisonniers de guerre. La cour impériale fournit trois de ces otages, le premier président Larché, le procureur général Ballant et le pré-

---

(1) **Journal d'Henrys Marcilly.**

sident de chambre Buvée (1). On leur adjoignit le professeur Jacotot (2), Frémiet, contrôleur des contributions directes, et Vaillant, secrétaire général de la Préfecture. De ces six victimes de la brutalité autrichienne, l'un d'eux, Ballant, avait un accès de goutte : on se décida à le laisser chez lui ; mais les cinq autres durent se résigner à partir escortés par des gendarmes. La cour d'appel adressa aussitôt une protestation au prince de Hesse, et, comme elle ne reçut pas de réponse, elle lui envoya en députation le président Morizot et les conseillers Henrys Marcilly et Benoît. Les magistrats furent bien reçus et on leur donna de bonnes paroles : ils ne s'en contentèrent pas, et renouvelèrent leur demande (1er mars). Le général Brianki, qui les reçut, promit d'écrire le jour même en leur faveur au généralissime, prince de Schwarzemberg, mais les otages ne furent mis en liberté que le 17 mars. Le président Larché remontait sur son siège dès le 21, mais les quatre autres prisonniers ne voulurent pas s'exposer à un second voyage par force, et ils ne regagnèrent leurs foyers qu'après le départ des Autrichiens.

Si les ennemis s'étaient montrés si impitoyables, et s'ils avaient recouru à ces odieux moyens de répression, qui, cinquante-six ans plus tard, seront renouvelés dans la même ville et avec plus de rigueur encore, c'est qu'ils avaient subi à la fin de février une série d'échecs, qui avaient singulièrement compromis leurs premiers avantages. Ce fut lorsque Napoléon eut remporté sur les alliés cette série de victoires à Champaubert, à Montmirail, à Château-Thierry, à Nangis, à Montereau, à la suite desquelles Prussiens et

---

(1) Buvée, né à Mirebeau, 13 février 1762, juge de paix à Mirebeau, 1790. Membre du Conseil des Cinq Cents. Assiste au 18 brumaire. Juge à Dijon, 1807 ; président de 1807 au 12 décembre 1811. Conseiller, puis président. Ne fut pas compris en 1816 dans la réorganisation de la magistrature. Réintégré en 1830, sur sa demande, dans les fonctions de juge de paix.

(2) Jacotot, né à Dijon, 1770. Professeur au collège avant 1789. Engagé volontaire, capitaine d'artillerie, professeur de mathématiques transcendantes à l'école centrale de Dijon. Sous-directeur de l'École polytechnique. Représentant pendant les Cent Jours, exilé en 1815 : résida en Belgique jusqu'en 1830. Inventeur de la méthode Jacotot pour l'étude des langues.

Autrichiens vaincus et refoulés se crurent à la veille d'être forcés d'évacuer le territoire français. Toutes leurs colonnes étaient alors ramenées en arrière. Comme l'a écrit Ségur, « leurs dehors gardaient encore quelque contenance, mais au dedans régnaient le trouble et la confusion, précurseurs des catastrophes. L'attitude découragée des plus présomptueux, les défiances intestines, les reproches mutuels, tout annonçait que cette machine, composée de parties hétérogènes, était près de se dissoudre. » A l'exception des Prussiens et de quelques Russes qui voulaient continuer la guerre et à tout prix marcher sur Paris, le découragement était grand dans les états-majors. Malgré la résistance de Blücher, la retraite sur Langres fut décidée et cette retraite faillit se convertir en déroute. Lorsque les paysans d'Alsace et de Lorraine virent arriver ces interminables convois de blessés et de malades qui revenaient des champs de bataille de la Champagne, lorsqu'ils assistèrent au mouvement en arrière de toutes les troupes, un long frémissement de joie secoua la France entière. Ces espérances ne devaient pas se réaliser. Napoléon avait joui du dernier sourire de la fortune. D'importants renforts arrivaient aux alliés. Augereau leur laissait libre le chemin de la retraite. Des Français, égarés par la passion politique, les mettaient au courant de tout ce qui se passait à Paris et ne leur cachaient pas que, malgré les victoires des deux dernières semaines, malgré les prisonniers et les trophées qu'on avait promenés dans les rues de la capitale, la bourgeoisie découragée accepterait avec résignation un changement de dynastie. Aussi résolurent-ils non seulement de tenter de nouveau la fortune des armes, mais encore de resserrer leur alliance. Par le traité de Chaumont, à la date du 1er mars 1814, ils contractèrent pour vingt ans une alliance offensive et défensive, et s'engagèrent à poursuivre la guerre avec toutes leurs ressources et à ne jamais conclure de paix séparée.

 Pendant ce temps les Dijonnais avaient passé par toutes les alternatives de l'espoir et de l'abattement. Ils avaient vu dans les rues de leur ville se succéder les colonnes de blessés et de malades. Ils avaient assisté au départ précipité de l'empereur d'Autriche et de son état-major. Un instant ils s'étaient même crus délivrés de l'occupation étrangère, surtout quand on leur communiqua le fameux ordre du jour du général Alix (2 mars), prescrivant la levée en masse et la résistance à outrance. « Que tout citoyen armé prenne les armes. Tout citoyen armé est reconnu soldat. Tout chef de troupe est reconnu officier. Il s'agit de détruire les débris d'une armée vaincue. Toutes armes sont bonnes, armes à feu, faulx, fourches, crocs de rivière. Que chacun combatte à outrance les barbares qui ravagent nos campagnes ; que partout ils trouvent dans les forêts de la Bourgogne, dans les défilés et sur les rivières, les embuscades qui leur ferment tout passage ; que partout on enlève les détachements et les reconnaissances de l'ennemi ; qu'on sonne le tocsin de toutes parts, qu'il soit le signal du ralliement et de la prise d'armes. » Il est certain que si la France entière, saisie de la fièvre patriotique, eût couru aux armes, comme le conseillait Alix, les alliés risquaient fort de ne pas repasser le Rhin. La guerre de guérillas, comme on venait de la faire en Espagne à nos dépens, convenait au caractère national. Pourquoi Napoléon n'a-t-il pas décrété la levée en masse, comme aux grands jours de 1793 ! Tous les vieux soldats auraient décroché leur fusil de chasse, les femmes et les enfants eux-mêmes auraient couru aux armes, comme ils le firent en mainte localité. Il aurait fallu étendre et régulariser ce mouvement. Napoléon ne l'osa pas, et il eut grand tort. La meilleure preuve en est que les alliés redoutaient cette explosion de fureur nationale. A peine eurent-ils connaissance de l'ordre du jour d'Alix que le généralissime Schwarzemberg prit une série de mesures draconiennes destinées à en paralyser l'effet (Troyes, 10 mars 1814). « 1° Tout individu pris les armes à la main et faisant partie de la levée en masse, sera traité en prisonnier de guerre et conduit dans les provinces éloignées des états des puissances alliées. Tout habitant de ville ou de campagne qui aura tué ou blessé un militaire des armées alliées, sera traduit devant une commission militaire et fusillé dans les vingt-quatre heures. 2° Toute commune où sera sonné le tocsin dans le but de soulever le peuple, sera livrée aux flammes. 3° Toute commune dans laquelle aura été commis un assassinat sera responsable du fait. 4° Tout commandant de corps est autorisé... à enlever des otages choisis parmi les citoyens les plus notables. 5° Toute commune dont les habitants se porteront en masse à des voies de fait contre les troupes alliées sera livrée au pillage et aux flammes. 6° Tout colporteur d'ordre tendant à faire exécuter une des dispositions prévues par la publication du général Alix qui tombera au pouvoir des alliés, sera regardé comme espion et fusillé sur-le-champ. 7° Tous les prisonniers français répondront de chaque voie de fait que l'on se permettrait contre des militaires que le sort des armes ferait tomber au pouvoir des armées françaises. »

A Dijon il était difficile de ne pas obéir puisqu'on avait en quelque sorte le couteau sur la gorge, mais tout ce qu'il y avait dans la population de viril et d'énergique n'attendait qu'une occasion pour se ruer sur les Autrichiens. On aurait volontiers fait contre eux le coup de feu, comme les habitants de Montereau qui, lors de la terrible bataille du 18 février, s'étaient joints à l'armée régulière pour essayer de couper la retraite aux ennemis. Chaque jour, et malgré la présence d'une forte garnison, éclataient des rixes. Dans la nuit du 16 au 17 mars, quelques soldats autrichiens furent assaillis et fort maltraités par quelques vignerons et ouvriers qu'exaspérait leur outrecuidance. Le commandant de place, baron de Lunden, eut un instant l'intention de sévir, mais une exécution militaire aurait provoqué une émeute. Il se contenta de faire arrêter les coupables, et écrivit au maire la lettre suivante : « L'événement arrivé le 16 dans la ville prouve avec quelle facilité le peuple se laisse abuser; il ne prévoit pas que lui seul est victime de la malveillance : c'est pour le sauver de l'abîme où on le précipite, c'est pour garantir la ville des malheurs affreux auxquels ils l'exposent, que j'ai fait arrêter les meneurs, qui, n'ayant rien à perdre, ne pourront que gagner au pillage qu'ils veulent provoquer et à l'incendie qu'ils cherchent à allumer. Que les habitants paisibles et honnêtes se rassurent ; ils continueront à jouir de la tranquillité, qui, depuis deux mois, époque de notre entrée, n'a cessé de régner : mais que les coupables tremblent ! Un rapport vient d'être adressé à Son Altesse le prince héréditaire de Hesse-Hombourg et ils doivent s'attendre à être jugés d'après toute la rigueur des lois militaires. »

Pendant ce temps, les événements avaient marché. L'Empereur n'avait pas réussi dans son attaque contre Blücher. Les batailles de Craonne et de Laon étaient restées indécises. Les alliés, de nouveau réunis, lui opposaient une masse accablante de forces. Il était à craindre qu'ils ne poursuivissent leur marche dans la direction de Paris ; mais on ne connaissait à Dijon que par oui-dire les sanglantes tragédies de Champagne. Les bruits les plus contradictoires étaient mis en circulation. Chaque nuit des placards anonymes annonçaient les révolutions les plus étranges. Ce qui frappait le plus, c'est que l'empereur d'Autriche, intéressé plus que tout autre à la conservation de la dynastie, en qualité de grand-père du futur Napoléon II, laissait dire et écrire autour de lui que les Bourbons étaient à la veille de rentrer en France. On en tirait comme conséquence que la chute de l'Empereur était arrêtée en principe entre les souverains alliés. Les partisans du gouvernement en étaient exaspérés : les royalistes au contraire ne cachaient plus leurs espérances. Il en résultait entre Dijonnais des discussions passionnées, mais qu'on n'osait pas encore exprimer de vive voix, car les alliés gardaient soigneusement le secret sur les opérations militaires, et on était réduit à des conjectures.

Dijon présentait alors une animation extraordinaire. Le grand état-major des princes y était installé, et les officiers, non contents des réquisitions, achetaient à grands frais tout ce qu'ils trouvaient à leur convenance dans les magasins de la ville, surtout de l'argenterie, des bijoux et des robes. Aussi les négociants n'avaient-il pas, en somme, trop à se plaindre de l'occupation. Ils accueillaient avec politesse les officiers étrangers, surtout les Autrichiens et les Russes ; mais, en général, ils ne cachaient pas les sentiments de haine qu'ils portaient aux Prussiens pour leur brutalité et aux Anglais pour leur arrogance. Un jour une des dames les plus en vue de Dijon, Mme de B***, rencontra dans un des magasins de la ville quelques officiers qu'elle prit pour autrichiens à cause de leur uniforme. Elle crut pouvoir parler à cœur ouvert en leur présence, et « s'écria que les Anglais étaient des monstres et qu'elle voudrait étrangler le dernier d'entre eux. Ces messieurs la remercient très poliment, et annoncent qu'ils sont membres de la légation anglaise. Jugez de la confusion de la pauvre dame ! Cependant elle ne s'est pas déconcertée. La conversation a continué, et ces messieurs ont fini par lui dire que, si elle voulait la paix, elle n'avait qu'à envoyer son mari armé d'un pistolet tuer le seul homme qui s'y oppose. Cela vous donne le thermomètre de l'opinion de ces messieurs (1) ! »

Pendant que les Dijonnais cherchaient ainsi à pénétrer les secrets de l'avenir, et, placés en quelque sorte entre l'enclume et le marteau, étaient forcés de cacher leurs véritables sentiments et de ménager leurs vainqueurs, l'administration municipale essayait, tout en donnant satisfaction aux Autrichiens, de maintenir le bon ordre. Ce n'était pas toujours chose aisée, lorsque par exemple il fallait intervenir en faveur des habitants du hameau de Mirande, écrasés par les logements militaires. «Il est résulté de cette répartition évidemment excessive, écrivait à ce propos le maire au baron de Lunden (3 mars) que déjà quelques habitants complètement ruinés ont abandonné leurs fermes, que toutes les ressources des autres ont été épuisées en peu de jours, et qu'enfin, si de

---

(1) Lettre de Peignot à Baulmont, de Vesoul, 30 mars 1814.

nouveaux cantonnements y étaient adressés, vos troupes ne pourraient plus trouver aujourd'hui chez les habitants les secours qu'elles ont le droit d'en exiger. » Tantôt (1) il s'agit pour le maire (15 février) d'assurer une réquisition de légumes frais sur les bords de la Saône, ou une réquisition de tonneaux (16 février) ; tantôt (2) (2 mars) il lui faut arrêter les dégâts commis dans les bois voisins de la ville par des citoyens nécessiteux, ou même par des personnes trop empressées de jouir de la sorte d'impunité qu'assuraient les circonstances pour violer à leur profit les règlements forestiers, et pour couper jusqu'aux arbres en bordure sur les grandes routes. « Considérant, dit l'arrêté, que cette violation du droit de propriété est d'autant plus répréhensible qu'en ce moment on s'occupe des moyens de fournir du bois à la classe indigente, nous décidons que les bois coupés seront confisqués et les délinquants poursuivis. » Le maire est encore obligé de rappeler à la pudeur des délinquants d'un autre genre, et voici l'arrêté qu'il prendra, le 6 mars 1814, contre les dénommées Alexandre, Jacquin, et Jaillot, qui s'étaient montrées beaucoup trop hospitalières pour leurs hôtes de passage : « Considérant que ces filles sont un objet de scandale et qu'elles troublent par le bruit qu'elles occasionnent la tranquillité des voisins, il est enjoint aux susdénommées d'observer à l'avenir une conduite paisible, et de ne plus attirer des étrangers dans leur domicile, ou sinon la prison. »

Ce n'était pas seulement à la santé morale de ses administrés que le maire de Dijon était alors obligé de prêter son attention : il lui fallait encore se garer contre les dangers d'une épidémie probable, causée par l'encombrement des blessés et des malades dans les hôpitaux. Dès le 6 février il avait prié (3) tous les médecins et chirurgiens de vouloir bien se considérer comme en service per-

(1) Archives municipales, registre 1814, p. 25.
(2) Id., p. 31.
(3) Id., p. 20.

manent. « L'humanité vous en fait un devoir, leur avait-il écrit, et votre zèle m'est un sûr garant que vous déférerez à cette demande que j'appuie de tous mes vœux et de tous mes désirs. » Malgré la bonne volonté du corps médical, l'épidémie avait éclaté. Au 21 mars, Durande écrivait (1) à l'économe de l'hospice militaire des Ursulines que plusieurs cas de fièvre putride avaient été signalés, et qu'il était prudent de ne plus faire passer les cadavres par la rue Guillaume, mais par la rue Saumaise et la Porte-Neuve. Le 25 mars il prévient (2) l'économe de l'hospice des Capucins de la visite probable de l'empereur d'Autriche, et le prie d'avertir les médecins de se tenir prêts à le recevoir. Le 19 avril il invite (3) les personnes charitables à envoyer des cendres pour la lessive à l'hôpital, afin d'éviter les maladies contagieuses que ne manquerait pas de produire la malpropreté des linges mal lessivés. Cette multiplicité d'occupations nécessitait la présence continuelle à la mairie des membres de la municipalité. Aussi ne pouvaient-ils plus suffire à une besogne écrasante : ils (4) se virent forcés de fermer leur porte ou du moins de l'entr'ouvrir à de certaines heures et dans des conditions déterminées (21 mars) : « Considérant que, depuis l'invasion des puissances alliées, les affaires de la mairie se sont tellement multipliées qu'il est impossible d'y faire face, si l'on est détourné à chaque instant par des demandes qui sont le plus souvent inutiles et infructueuses, arrêtons : à dater de ce jour et jusqu'à ce qu'il en soit autremen ordonné, à l'exception de MM. les officiers autrichiens et autres militaires attachés à leur service, et des fonctionnaires civils, le maire n'accordera d'audience aux particuliers de Dijon que depuis cinq heures du soir jusqu'à sept. »

Certes il nous faut savoir gré aux conseillers de 1814 d'être ainsi

(1) Archives municipales, registre 1814, p. 45.
(2) Id., p. 46.
(3) Id., p. 63.
(4) Id., p. 45.

restés avec tant de vaillance sur la brèche, et de ne jamais avoir reculé ni devant la responsabilité des mesures à prendre, ni devant les fatigues d'un travail incessant. Aussi Durande avait-il le droit d'adresser au prince de Schwarzemberg la lettre suivante (1), qui n'est pas une banale protestation, mais au contraire l'expression stricte de la vérité : « La mairie n'a pas eu besoin d'être réorganisée. Quel que fût le sort de nos habitants, nous avons pensé que nous devions le partager, et d'ailleurs nous connaissons trop bien combien les intentions de Votre Altesse étaient bienveillantes pour éprouver quelque sentiment de crainte en restant à notre poste... Les magasins s'approvisionnent en toute diligence, mais l'activité des habitants du département prouve plutôt leur bonne volonté que leur état d'aisance. C'est souvent en se dépouillant du strict nécessaire que la plupart de nos villages font face à nos réquisitions : plusieurs sont épuisés. Ils ont donné à l'armée tout ce qu'ils possédaient, et, s'il reste un peu de numéraire, il sera bientôt absorbé par les dépenses d'entretien des hôpitaux et par les frais d'aministration. »

Malgré les bruits contradictoires mis en circulation par les amis ou par les adversaires de l'Empereur, peu à peu la vérité se faisait jour. On apprenait que Napoléon, débordé par des forces supérieures, avait ouvert aux alliés le chemin de Paris, et, par une manœuvre désespérée, s'était jeté sur leurs derrières avec l'espoir de couper leurs communications, de rallier les garnisons de la frontière, et de livrer avec ces forces nouvelles une bataille décisive. Certes la conception était hardie et elle pouvait réussir : mais si, d'un autre côté, les ennemis, négligeant ce qui se passait en arrière, se dirigeaient sur la capitale en dispersant les corps épars qu'ils rencontreraient, n'était-il pas à craindre que Paris ne résistât pas et que le pays fût entraîné dans le naufrage de la dynastie ! On était donc dans l'attente d'un grand événement, et

---

(1) **Archives municipales, registre 1814, p. 19.**

nul n'ignorait que la partie décisive allait se jouer. Peignot, cet érudit Bourguignon qui a tant écrit parce qu'il avait beaucoup amassé, était, comme tous ses contemporains, dans l'attente du dénouement qui approchait. A la fin de ce mois de mars, si fécond en péripéties dramatiques, il faisait part de ses impressions à son ami Baulmont, de Vesoul, et lui adressait ces lignes si éloquentes dans leur simplicité : « On paraît décidé à tout sacrifier pour assurer une longue paix à l'Europe, mais à quel prix, grands Dieux ! Cette puissance naguère si grande, si florissante, et maintenant si faible, si déchirée, si épuisée, jouira de cette paix, comme le cadavre jouit du repos dans le tombeau. Quelle crise, quel avenir effrayant pour plus d'un million de Français ! Le trône existe encore, mais, si l'on en croit les murs qui parlent, il est bien ébranlé, la charpente craque de tous côtés, et combien de mains y mettent la cognée ! s'il vient à s'écrouler, quel fracas, et que sortira-t-il de ses débris ? une ombre de cette puissance jadis si glorieuse et devenue trop gigantesque. » Ces tristes pressentiments ne devaient hélas ! que trop tôt se réaliser. Bientôt on apprenait que les alliés, poursuivant leur marche victorieuse, avaient écrasé les soldats de Marmont et de Mortier à la Fère Champenoise, et mis le siège devant Paris. Après une résistance glorieuse mais inutile, la capitale ouvrait ses portes, et l'Empereur, revenu trop tard pour la suprême bataille qu'il désirait, s'enfermait à Fontainebleau pour y attendre la décision de ses vainqueurs.

Ce que fut cette décision personne ne l'ignore. Napoléon abdiqua et reçut, à titre de compensation, la dérisoire souveraineté de l'île d'Elbe. Pendant qu'il s'acheminait vers son nouveau domaine, les négociations pour la paix étaient activement conduites, et bientôt tout fit prévoir une évacuation prochaine du territoire. En vertu de l'article 8 de l'armistice du 28 avril 1814, une convention fut conclue qui mettait fin au régime des réquisitions, mais à condition que le gouvernement français s'engageât à fournir régulièrement et sans exception les subsistances nécessaires aux troupes alliées. Afin de régulariser l'évacuation, on dresserait avec soin et on remettrait à l'avance aux municipalités l'indication des marches, avec le nombre des hommes et des chevaux. Des dépôts seraient installés pour les malades, et un service de transports assuré pour les hommes fatigués. Tous les soldats retenus dans les hôpitaux militaires y resteraient jusqu'à leur entière guérison. Les officiers ou les employés des armées alliées qui resteraient en France pour régler la marche des troupes et l'évacuation des hôpitaux auraient droit au logement militaire et au traitement de leur grade. Enfin les prisonniers seraient, de part et d'autre, transportés jusqu'à la frontière. L'employé qui transcrivit cette convention sur les registres de la mairie était tellement heureux d'être bientôt débarrassé de la présence des alliés qu'il ne se contenta pas d'apposer sa signature, Dupont, mais l'accompagna d'arabesques et d'enjolivements, qui occupent toute la page (1).

Le traité de paix définitif ne fut signé que le 31 mai. Les conditions en étaient dures : mais on était fatigué par vingt-cinq ans de luttes sans trêve ni repos. On avait besoin de calme. Aussi, lorsque arriva à Dijon la nouvelle de la signature du traité, dans la nuit du 3 au 4 juin, fut-elle accueillie avec transports. Le maire s'empressa de l'annoncer aux habitants par une proclamation qui fut lue à la clarté des torches. « Les préparatifs nécessaires pour publier la paix générale avec cette solennité qui convient à un événement si désiré vous auraient fait trop attendre la certitude de cette nouvelle. Je m'empresse donc de vous annoncer que le traité de paix conclu avec l'Autriche, la Russie, l'Angleterre et la Prusse a été signé le 31 mai. En apprenant cette heureuse nouvelle qui met un terme à vos maux, que vos cœurs se livrent à la joie la plus vive, et pénétrés d'une reconnaissance sincère pour la maison de Bourbon à laquelle nous devons le premier des bien-

---

(1) Archives municipales, registre 1814, p. 109.

faits, que chacun de nous s'écrie : Vive le Roi ! vivent les Bourbons ! » Un piquet de garde nationale avec ses officiers et les pompiers précédait les crieurs de la ville. La musique municipale les accompagnait, et une musique autrichienne s'était jointe au cortège, exécutant les airs alors populaires. Quant à la foule, toujours avide de nouveautés, elle poussait des cris de joie et fraternisait presque avec les soldats ennemis, qu'avait attirés l'étrangeté du spectacle.

Restait à assurer l'exécution du traité et tout d'abord à obtenir l'évacuation du territoire. Au retour comme à l'aller, Dijon fut un des principaux passages des armées alliées, et ses habitants eurent de ce fait à supporter de lourdes charges. Dès le 22 avril (1) Durande prévenait ses administrés qu'un passage considérable de troupes aurait lieu le lendemain, et il les invitait à rester chez eux pour les recevoir. « Ils sont également avertis, ajoutait-il, que pendant le tems de ce passage, il sera indispensable de doubler la majeure partie des logements des soldats et tous ceux destinés aux officiers. » Préoccupé à juste titre de l'aggravation des charges qui résulterait pour ses compatriotes de ces passages fréquemment renouvelés de soldats regagnant leurs foyers, Durande essaya d'obtenir un allégement pour Dijon. Il écrivit (2) au préfet (24 avril 1814) pour lui faire remarquer « que les charges qui depuis trois mois ont pesé sur le département sont immenses, mais que celles qui ont été supportées par la ville de Dijon sont hors de proportion avec ses moyens. La ville de Dijon en effet a été frappée de réquisitions de tout genre qui s'élèvent à plus de 500.000 francs. Elle a été obligée de nourrir une garnison considérable. On y a placé constamment un grand nombre d'officiers. Deux hôpitaux y ont été établis, et, tandis qu'elle acquittait son octroi et son impôt municipal, elle a souffert un passage de 200.000 hommes, sans qu'il ait été rien fourni par les magasins de l'armée »,

(1) Archives municipales, registre 1814, p. 71.
(2) Id., p. 74.

aussi la misère est-elle grande parmi toutes les classes de la population. Les personnes dans l'aisance ont été les plus éprouvées, car les ressources qu'elles tiraient de leurs propriétés immobilières sont épuisées. Il faudrait obtenir que les troupes alliées ne traversassent plus la Bourgogne. Les routes de Strasbourg et de Mayence sont ouvertes : c'est dans cette direction qu'il faudrait écouler le flot des alliés.

Certes ces réclamations étaient fondées, mais il ne paraît pas qu'on en ait tenu compte. Le 7 mai Durande était encore obligé d'écrire (1) au major Von Bartenstein pour lui faire remarquer qu'il était impossible de fournir au passage incessant des troupes : « Les habitants sont écrasés de logements, et, avant que trois jours ne soient écoulés, ils ne pourront plus fournir à la nourriture. On doit rendre cette justice à MM. les commandants autrichiens : ils débarrassent la ville autant que possible, mais, lorsque deux cents habitants partent, quatre cents arrivent aussitôt. Ce sont donc des transports qui augmentent à vue d'œil et qu'il faut faire vivre. » Le lendemain 8 mai, il s'adressait (2) au major Schemitz du régiment de l'archiduc Louis, à propos de l'impossibilité matérielle où il se trouvait de pourvoir aux charrois et de se procurer des fourrages. A la même date, sur une demande du major Von Bartenstein, il lui apprenait qu'on ne trouvait plus de tabac à Dijon, attendu que, dès le 19 janvier, on avait saisi tout celui de l'entreposeur général et qu'on ignorait ce qu'il était devenu. « Il n'y en a plus que chez quelques détaillants (3), ajoutait-il, et on ne l'obtiendra que par réquisition. »

Jusqu'au mois de juin dura le passage des troupes. C'était comme une marée humaine qui rentrait dans son lit, et Dijon se trouvait sur la grand'route. Au 16 juin il fallait encore recourir aux réquisitions pour certains personnages, sans doute plus exi-

(1) Archives municipales, registre 1814, p. 71.
(2) Id., p. 90.
(3) Id., p. 91.

geants. Ainsi à cette date, Durande était encore obligé d'inviter les maîtres de poste à fournir des chevaux à l'intendant Mylius, qui se rendait à Sombernon (1). Le 18 juin seulement il eut la satisfaction d'annoncer à ses collègues de la banlieue que le dernier détachement de l'arrière-garde autrichienne, composé de 124 hommes et de 130 chevaux, serait logé chez eux le lendemain 19. Pourtant il passait encore des Autrichiens le 25 juin, et Durande constatait avec regret, dans une lettre au payeur général Dubard, que la ville ne pourrait plus en nourrir (2). « Il n'est pas plus de 400 ou 500 personnes qui soient en état de nourrir les soldats, de sorte qu'à moins de faire de leurs maisons de véritables casernes, ce qui serait un trop lourd fardeau pour elles, il devient impossible de continuer à fournir du vin.

En même temps que partaient les Autrichiens arrivaient les Français, et ce n'était pas un médiocre souci pour Durande que de prévenir une rixe possible entre vainqueurs et vaincus. Les premiers soldats français avaient été annoncés à Dijon pour le 18 juin, et, ce jour même, on comptait sur la présence dans la ville de 9500 Autrichiens avec 4500 chevaux. « Il nous serait impossible (3), écrit aussitôt le maire au général Liger-Belair, désigné pour commander la future garnison française, de loger une si grande quantité de troupes. D'ailleurs les Français seraient trop en contact avec les Autrichiens. Il pourrait peut-être en résulter des rixes qu'il importe de prévenir autant pour la conservation des troupes françaises que pour le maintien de la tranquillité publique », et il priait le général de faire stationner ses soldats à Montbard. Aussi bien il importait de ne pas laisser à côté les uns des autres dans la même ville des hommes que séparaient tant de motifs de haine. Un des corps de troupes qui devaient remplacer à Dijon la garnison autrichienne, les artilleurs du général Charbon-

---

(1) Reçu Pelissonnier, de 13 fr. 50.
(2) Archives municipales, registre 1814, p. 129.
(3) Id., p. 112.

nel, avaient annoncé qu'ils ne souffriraient pas que les Autrichiens portassent à leurs bonnets des branches de verdure en signe de triomphe. C'était à leurs yeux comme une provocation. Le maire dut écrire au général Charbonnel et lui adresser des explications à ce sujet (2 juin 1814) : « Un des officiers attachés au corps que vous commandez vient de me dire qu'il ne serait pas souffert par vos artilleurs que les soldats autrichiens portassent sur leurs bonnets des branches de verdure. Il est constant, d'après la déclaration du général Sachen, que ces branches de verdure ne sont point des marques de triomphe, cette déclaration est consignée dans le *Moniteur* du 11 mai 1811. Je vous envoie copie de cette déclaration et vous invite à en faire part à vos troupes avant leur entrée à Dijon, en leur recommandant d'éviter avec soin toute occasion de dispute entre eux et les Autrichiens. Personne n'apprécie plus que moi la valeur des troupes françaises, et plus j'attache de prix à leur conservation, plus je dois chercher les moyens d'éviter toute rixe qui pourrait occasionner quelque effusion de sang. D'ailleurs j'ai la certitude que la paix est signée ; ainsi les troupes autrichiennes ne peuvent plus être considérées que comme amies. Nous devons donc respecter leurs usages, d'autant plus qu'ils ne sont point injurieux aux Français. Il serait douloureux et pour vous et pour moi que cette ville qui, par sa prudence et sa sagesse, n'a été théâtre d'aucun événement malheureux, devînt, au moment même où la paix est signée, une arène de querelles et de combats. »

Après les soldats passèrent les prisonniers. Au moins n'étaient-ils plus à redouter. A vrai dire ils inspiraient plutôt la pitié. On n'était pas tendre alors pour les malheureux soldats que les hasards de la guerre faisaient tomber entre les mains de leurs ennemis. Relégués dans de misérables villages ou entassés dans des casernes, où ils étaient traités aussi rudement que des galériens dans un bagne, mal nourris, n'ayant jamais leurs uniformes renouvelés,

---

(1) Archives municipales, registre 1814, p. 107.

ils présentaient, quand ils rentraient chez eux, le navrant spectacle d'une bande de loqueteux et d'infirmes. Bien que les prisonniers de guerre aient été rares dans la campagne de France, Dijon fut à plusieurs reprises traversée par des bandes de ces déguenillés. Le maire et ses administrés furent émus par tant de misères. Ils s'efforcèrent d'alléger leurs souffrances. Voici ce qu'écrivait Durande (1) au préfet, à leur propos, le 22 juin 1814 : « Ils sont dans une position qui fait pitié : plusieurs marchent pieds nus, et c'est en vain qu'ils me réclament des souliers. Je ne puis leur en fournir puisque cet objet m'est entièrement étranger. Le commissaire des guerres autrichien crie hautement contre l'état de dénuement de ses prisonniers. Il invoque les conventions passées entre les puissances alliées et le roi, et vient de me dire qu'il porterait ses plaintes à Sa Majesté royale. Au moins ne pourrait-on pas leur venir en aide en leur fournissant un peu de vin, puisqu'on ne leur alloue que du pain, et ce vin ne serait-il pas exempt des droits habituels ? » Quelques jours plus tard, le 30 juin, lettre analogue (2) : « Il est parti de Dijon, hier matin, quarante-sept prisonniers autrichiens que nous avons évacués sur Bâle par la route de Mirebeau, Gray et Vesoul. Trois d'entre eux avaient besoin de souliers. N'en ayant point à ma disposition, je leur ai fait donner une voiture. J'ai reçu hier trente-sept prisonniers, dont douze ont besoin de souliers, l'un d'eux de pantalon et un autre de chemise. » N'était-ce pas contraire non seulement aux conventions internationales, mais plus encore à l'humanité (3) ?

(1) Archives municipales, registre 1814, p. 124.
(2) Id., p. 132.
(3) Voir lettre du préfet au maire (27 juillet). Il lui transmet les plaintes de Marchand, intendant général et commissaire près des armées alliées, au sujet de Polhac, major autrichien, et Petri, chirurgien major, chargés de recueillir les soldats convalescents des départements voisins, qui n'auraient pas été traités convenablement et ont présenté leur note. « Veuillez prendre des mesures pour pourvoir au logement et à la nourriture de ces deux officiers et de leurs domestiques, pendant le temps qu'ils devront encore rester à Dijon, en les plaçant tous les deux chez des particuliers aisés, si vous le jugez convenable. Ce serait le moyen d'éviter à la ville une dépense qui, à la longue, devient **très onéreuse.** »

Pendant que le maire de Dijon s'apitoyait ainsi sur le triste sort des prisonniers de guerre, et s'efforçait, dans la mesure du possible, d'atténuer leurs souffrances, il avait encore à s'acquitter d'une mission particulièrement désagréable : il s'agissait de témoigner à un officier autrichien, par un acte officiel, la reconnaissance de la ville de Dijon. C'était un aide de camp du prince de Hesse-Hombourg, le major de la place, un certain Hageldinger, qui, à diverses reprises, s'était montré l'intermédiaire complaisant des relations parfois délicates entre la municipalité et l'administration autrichienne, mais il ne se piquait pas de scrupules exagérés de délicatesse, et, avant de quitter la ville, il se fit octroyer (1) par le maire « un sabre d'honneur par forme de souvenir. » Au lieu d'accepter l'arme qu'on voulait bien lui offrir, il en surveilla lui-même la fabrication, et « fit confectionner le sabre à sa fantaisie ». L'orfèvre Villeneuve (2), chargé de ce travail, n'épargna ni sa peine ni ses matériaux et présenta successivement trois mémoires de 117 fr., de 132 fr. 90 et de 36, en tout 285 fr. 90 dont il réclama le paiement. Le maire, non sans raison, trouva la note un peu chargée et refusa le paiement. Villeneuve protesta et s'adressa directement au préfet. Nouveau refus de ce dernier. L'orfèvre veut alors demander le paiement au major et prévient le maire de ses intentions. Durande est obligé de s'adresser de nouveau au préfet : « Je craindrais que cela ne fît un mauvais effet, écrit-il, d'autant plus que la ville n'a eu qu'à se louer de Son Altesse le prince de Hesse-Hombourg et de son état-major. Ne pas faire honneur à un si petit objet pourrait encore attirer sur la ville peut-être quelque désagrément. » Il concluait en proposant de considérer le mémoire Villeneuve comme une réquisition. Le préfet finit par y consentir, mais à condition que le mémoire serait véri-

---

(1) Voir lettre du 17 février 1814 (Archives municipales, registre 1814, p. 20). Remerciments du maire au major à l'occasion d'un don d'argent fait aux pauvres de la ville par le prince de Hesse-Hombourg.

(2) Lettre du maire au préfet, id., p. 62.

fié. L'expertise eut lieu, et la somme, réduite à 251 fr. 40, fut enfin payée. De la sorte tout le monde se trouva content, l'orfèvre rémunéré de son travail, le major Hageldenger en possession de son sabre, et Durande débarrassé d'une corvée délicate.

Les Autrichiens sont donc partis : les derniers prisonniers de guerre ont traversé Dijon. Nos soldats sont rentrés dans leurs casernes. Un nouveau gouvernement vient d'être installé. La première Restauration a commencé.

PAUL GAFFAREL.

www.ingramcontent.com/pod-product-compliance
Lightning Source LLC
LaVergne TN
LVHW022211080426
835511LV00008B/1708